わたしが元気なのは これを食べているから

76歳、横山タカ子の食の知恵

家の光協会

はじめに

友人や知人によく、「横山さんご夫婦はいつも元気そうね」と言われます。「どこも悪いところはないの?」と聞かれることもあります。たしかに二人とも、年のわりには元気に動き回っているし、ここ何年も病気とは無縁で過ごしてきました。

そんなわたしの健康の秘訣といえば、毎日の食事以外には考えられません。そこで、どんなことを心がけて、日々どんなものを食べているのか、改めて洗い出してみました。

まず意識しているのは、筋肉量を落とさないようにたんぱく質をしっかりとること。肉も食べますが、子どものころから好きだった青背の魚が多いですね。植物性のたんぱく質が豊富な大豆や大豆の加工品も、常に食卓にのぼっています。

つぎに、腸内環境を整えることです。わたしが病気をしないのは、食物繊維をたっぷり含む小豆などの豆類や干し野菜、寒天、果物、発酵食品の糀をたくさん食べているからだと思います。腸がよく働けば便通もよくなり、免疫力が上がって体調が維持できます。

年を重ねて心配なのは、骨がもろくなること。転倒して骨折でもすれば、治るまでに何か月もかかります。わたしは煮干しを料理として食べたり、小魚やスキムミルクを使って、カルシウム不足を防いでいます。

ほかにも、体を温めるいも類やくず粉、アンチエイジング効果が期待できる種実類や雑穀も、わたしの料理の常連食材です。

こうしてみると、これらの食材は、けっして変わったものではなく、昔から身近にあったものばかり。本書では、わたしが長年作り続けてきた料理、年齢に応じて食べやすく工夫した料理をあわせてご紹介します。調理はシンプルに、がわたしの信条ですから、ぜひ気負わずに作ってみてください。みなさまのこれからの健康生活にお役に立てれば、うれしいかぎりです。

横山タカ子

もくじ

[本書の使い方]・大さじ1は15㎖、小さじ1は5㎖、1カップは200㎖、1合は180㎖です。・材料中の重量は、正味です。・油は、とくに表記がなければ菜種油を使います。紅花油、ひまわり油などでもかまいません。・酢は米酢を使います。・野菜を洗う、皮をむくなど、一般的な下ごしらえは省いてあります。・火加減は、とくに表記がなければ中火で調理してください。

筋肉をふやす食材

青背の魚

海のない信州では、昔は魚といえば塩漬けや干物を指していました。なかでも塩さばは、もっとも親しまれてきた魚。塩漬けにすると保存性が高まり、臭みは抜けて、うまみが凝縮します。

塩さばは焼いて食べるほか、塩抜きすれば煮魚にもなります。また、酢じめにすればしめさばに。このしめさばで作る「さばずし」は信州の伝統食です。

塩さばのほか、信州ではさばやいわしなどの魚の缶詰もよく食べられています。とくにさば缶の消費量は日本一。骨ごと食べられるうえ、缶汁はみそ汁や煮物のだしに使えるので、無駄がありません。しょうゆ煮などの味つきを使えば、調味料は不要です。

さばやいわしなど青背の魚は、体を作るたんぱく質はもちろん、良質な脂質を多く含みます。その脂質とは、脳の働きをよくするDHA（ドコサヘキサエン酸）と、血液をサラサラにするEPA（エイコサペンタエン酸）。青背の魚で、年齢とともに必要になる栄養素をしっかりとりたいものです。

いわししょうゆ煮缶

さば水煮缶

塩さば

さばと野菜のマリネ

塩さばの皮をパリッと香ばしく焼くのがポイント。
マリネ液につけて柑橘の香りを移します。

材料・3〜4人分

塩さば（三枚おろし）……1尾分
玉ねぎ……1/2個（80g）
ミニトマト……15個（200g）

マリネ液

酢……大さじ3
水……大さじ3
砂糖……小さじ2
シークァーサー*の搾り汁……大さじ1と1/2

ローズマリー……2枝

*すだちやゆずでもよい。

作り方

1 塩さばは魚焼きグリルで両面を焼き、一口大のそぎ切りにする。

2 玉ねぎは、繊維を断ち切るように薄切りにする。ミニトマトはヘタを取ったところに十字の切り込みを入れて熱湯でさっとゆで、水にとって皮をむく。

3 バットに1とミニトマトを並べ、玉ねぎを全体にのせる。

4 マリネ液の材料を混ぜて3にかけ、ローズマリーをのせて、1時間ほどつける。ときどき、さばを裏返して味をからめる。

*保存容器に入れ、冷蔵庫で保存。3日ほど保存可能。

さばちらし

塩さばで作るおすしは、
信州南部の飯田市伊豆木地方に
古くから伝わる郷土食です。
塩さばは、
焼いてもおいしいけれど、
酢じめにすると、
また違う食感が楽しめます。

材料・3〜4人分

塩さば（三枚おろし）……1尾分
A 酢……100mℓ
砂糖……大さじ2
米……2合
すし酢
酢……大さじ4
砂糖……大さじ1
塩……小さじ1
しょうがの甘酢漬け……適量

作り方

1 塩さばはバットに並べて、混ぜたAを注ぎ、一晩（8時間）つけておく（a）。

2 米は洗って30分ほど浸水させ、やや少なめの水加減で炊く。

3 1のさばの薄皮をむき（b）、食べやすい大きさに切る。すし酢の材料をよく混ぜる。

4 2を盤台に移してすし酢を回しかけ、しゃもじで切り混ぜながら冷ます。さばを混ぜて器に盛り、しょうがの甘酢漬けをのせる。

塩さばは、甘酢（塩は入れない）につけて一晩（8時間）おき、しめさばを作る。

酢につけると薄皮がはがしやすくなる。頭のほうの皮をつまんで下に引くと一気にはがせる。

さば缶コロッケ

さば缶の
うまみたっぷりの
ポテトコロッケ。
揚げずに両面を
カリッと焼きます。

材料・2〜3人分

じゃがいも……2個（300g）
玉ねぎ……1/4個（40g）
さば水煮（缶詰）……1/2缶（90g）
しょうゆ……小さじ2
パン粉……適量
油……適量
モロッコいんげん（斜め細切り）……2本
さやいんげん（斜め切り）……4本
塩……少々

作り方

1 じゃがいもは皮つきのまませいろ（蒸し器）に入れ、強火で竹串がスッと通るまで蒸し、皮をむく。ボウルに入れてフォークの背などでつぶす。

2 玉ねぎはみじん切りにする。フライパンに油少々を熱し、玉ねぎを軽く炒める。これを1に加えて混ぜる。

3 2にさばの汁けをきって加え、しょうゆも加えてよく混ぜる。これを6等分して丸く整え、パン粉をまぶす。

4 フライパンに油大さじ1を熱して3を並べ、両面にこんがりと焼き色がつくまで焼いて器に盛る。モロッコいんげん、さやいんげんを油少々で炒め、塩で調味してコロッケに添える。

さば缶の油揚げ詰め焼き

さば缶を油揚げに詰め、香ばしく焼きます。たっぷりの薬味野菜と合わせ、さわやかに。

材料・2人分

さば水煮（缶詰）……1/2缶（90g）
油揚げ……2枚
みょうが……2個
長ねぎ……10cm
青じそ（せん切り）……4枚
七味唐辛子……少々

作り方

1 みょうがはせん切りにする。長ねぎは斜め薄切りにする。

2 油揚げは短いほうの一辺を細く切り落とし、中を開いて袋状にする。

3 さばの汁けをきって2に半量ずつ詰める。さらに1も半量ずつ詰め、袋の口を中に折り込む。

4 フライパンに3を並べ、両面をこんがりと焼く。長さを半分に切って器に盛り、青じそを添え、七味唐辛子をふる。

材料・2〜3人分

いわししょうゆ煮（缶詰）……1缶（140g）
青じそ……20枚
薄力粉（あれば全粒粉）……大さじ6
揚げ油……適量

いわし缶の青じそ天ぷら

うまみが濃く、ほろっと身くずれのよいいわし缶。しょうゆ煮なら調味料不要です。香りのよい青じそで包んで揚げると、食べごたえのある主菜になります。

作り方

1 青じそを2〜3枚重ねて、いわし1切れをのせる（a）。青じそを折りたたんでいわしを包み、楊枝で留める（b）。

2 薄力粉に水大さじ5を加えてさっくりと混ぜて、衣を作る。

3 1を2にくぐらせて（c）、高温（180℃）に熱した揚げ油でからりと揚げる。

a
いわしは、大きいものは半分に切り、8切れ用意。青じそは小さいものは3枚重ねる。

b
いわしを1切れずつ青じそで包み、具がはみ出さないように、端を楊枝で留める。

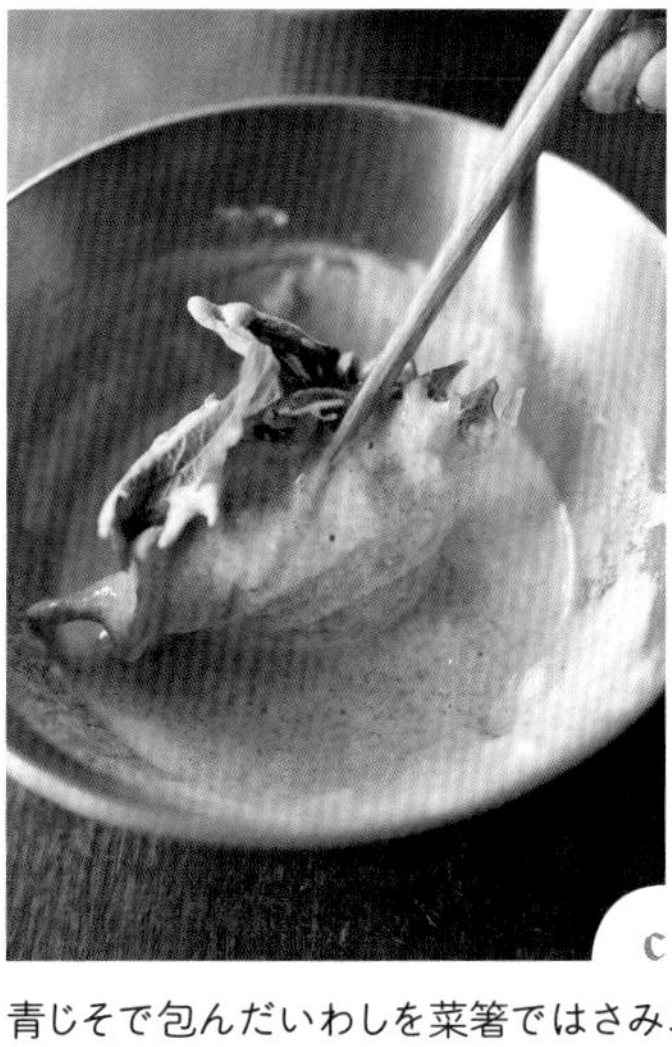

c
青じそで包んだいわしを菜箸ではさみ、両面にさっと衣をつけて、すぐに揚げる。

筋肉をふやす食材

大豆、黒豆

大豆はご存じの通り、すぐれた植物性のたんぱく源です。年齢とともに、肉より大豆のほうが胃腸への負担が軽く感じられるようになり、最近では、ハンバーグを作るときは肉を減らして大豆を加えるようにしています。このほか、大豆は煮てもおいしく、根菜などと煮る五目豆は、副菜にも箸休めにもなります。

栄養とうまみ成分のグルタミン酸をたっぷり含む大豆を毎日の食事に取り入れたくて、わたしはゆで大豆を常備しています。

ゆで方は、大豆を炊飯器の内釜に入れて水を注ぎ、保温するだけ。これを料理に使ったり、ごはんに炊き込んだり。このゆで方は、歯ごたえも楽しめるので、おすすめです。黒豆も同様にゆでられます。

黒豆は、皮の香ばしさを生かしたいときは、フライパンで炒ります。青臭さが消え、お茶や黒豆酢を作るのに最適です。

なお、大豆の仲間のくらかけ豆は、色よくゆで上げたいので、一晩水につけてから、熱湯でゆで、水にとって冷まします。

くらかけ豆

黒豆

大豆

大豆をゆでる

大豆1カップ（150g）を洗って水けをきり、炊飯器の内釜に入れる。

水3カップを注いで、そのまま一晩（8時間）つけておく。水は替えずに保温スイッチを入れる。

8時間「保温」で加熱したら、できあがり。ゆで上がると、約3カップ（350g）になる。

軽く水けをきり、ジッパーつき保存袋に入れ、平らにならして保存する。冷蔵で5日ほど、冷凍で1か月ほど保存可能。

黒豆は炒っておくと、香ばしい香りが出て、炊き込みごはんや黒豆茶、黒豆酢（いずれも20ページ）など、いろいろに使えます。黒豆茶の場合は湯でふやけるので、炒る時間はやや短めに。

材料と作り方・作りやすい分量

フライパンに黒豆100gを入れて弱火にかけ、揺すりながら10～15分から炒りする。豆の皮がはじけて割れ目が入ったら火を止める。ふたをして5分蒸らす。

*冷めたら保存容器に入れて室温で保存。1か月ほど保存可能。

材料・作りやすい分量

ゆで大豆(ゆで方は15ページ参照)……1カップ
鶏ひき肉……300g
玉ねぎ……100g
卵……1個
ウスターソース……大さじ1
トマトケチャップ……大さじ1
塩……小さじ1/2
薄力粉……適量
油……大さじ1
赤大根(せん切り)……適量
セロリの葉……少々

大豆ハンバーグ

ひき肉の一部をゆで大豆で代用して、ふわっとやわらかいヘルシーバーグに。

作り方

1 ゆで大豆は水けをきり、フードプロセッサーなどで細かくつぶす。玉ねぎは粗みじん切りにする。

2 ボウルに1と鶏ひき肉、卵、ウスターソース、トマトケチャップ、塩を入れ(a)、よく混ぜる(b)。これを10個の小判形に丸め(c)、薄力粉を薄くまぶす。

3 フライパンに油を熱し、2を並べて焼く。焼き色がついたら裏返し、中まで火を通す。

4 器に盛って、赤大根とセロリの葉を添える。好みでウスターソース(分量外)をかけてもよい。

a 大きめのボウルにすべての材料を入れ、混ぜる準備をする。

b 手で強く混ぜてひき肉の粘りを出し、ほかの材料となじむようにすると、まとめやすくなる。

c 生地を10等分して、厚みのある小判形にまとめる。小さめのほうが火の通りがよい。

ひたし豆

くらかけ豆は、熱湯に入れてゆで、水にとると、ゆで上がりが色鮮やかに。

材料・作りやすい分量

くらかけ豆（乾）……250g
昆布（5cm四方）……1枚
酒……大さじ2
しょうゆ……大さじ1

作り方

1 くらかけ豆は3倍量の水に一晩（8時間）つけて戻す。

2 鍋に湯を沸かし、1の豆を入れてゆでる。食べられるかたさになったら火を止め、豆を水にとって粗熱をとる。

3 昆布は1cm四方に切り、酒をまぶして戻す。

4 保存容器に2の水けをきって入れ、3、しょうゆを加えて1時間以上つける。昆布少々とともに盛りつける。

＊つけ汁ごと保存容器に入れ、冷蔵庫で保存。1週間ほど保存可能。

黒豆と根菜、鶏肉の煮物

おなじみの五目豆も、大豆を黒豆に替えると彩り豊かに。具材のうまみもたっぷりです。

材料・作りやすい分量

黒豆（乾）……50g
大根……150g
にんじん……80g
鶏もも肉……100g
干ししいたけ……3枚
しょうゆ……大さじ1と1/2
みりん……小さじ1

作り方

1 黒豆は15ページの大豆のゆで方を参照して同様にゆでる。黒豆50gをゆでると約100gになる。

2 干ししいたけは、たっぷりの水に1時間ほどつけて戻し、1cm角に切る。戻し汁はとっておく。

3 大根、にんじん、鶏肉は1cm角に切る。

4 鍋にしいたけと1、3を入れ、しいたけの戻し汁200mℓを注いで、ふたをして煮る。

5 野菜がやわらかくなったらしょうゆとみりんで調味して、黒豆に味がしみるまで煮る。

黒豆茶

黒豆の甘みと
香ばしさが
たっぷり詰まった
お茶です。

材料・作りやすい分量

炒り黒豆（15ページ参照）……10〜15粒

作り方

急須に炒り黒豆を入れて湯を注ぎ、しばらくおいて湯のみに注ぐ。ふやけた黒豆はそのまま食べられる。

黒豆酢

黒豆の色と
味のついた健康酢。
豆は料理に
使えます。

材料　作りやすい分量

炒り黒豆（15ページ参照）……100g
酢……200mℓ

作り方

炒り黒豆を保存容器に入れ、酢を注いで一晩（8時間）つける。

＊冷蔵庫で半年ほど保存可能。つけ汁を黒豆酢として使い、黒豆はサラダやあえ物に使う。

黒豆酢を使って

黒豆酢のいなりずし

黒豆の色とエキスが溶け出したすし酢でうまみをプラスします。

材料・10個分

炊きたてのごはん……米1合分

すし酢

- 黒豆酢（20ページ参照）……大さじ2
- 砂糖……小さじ2
- 塩……小さじ1/2

油揚げ……5枚

煮干し……中3尾（5g）

A

- 砂糖……大さじ1と1/2
- しょうゆ……大さじ1と1/2
- みりん……小さじ2

黒豆酢の黒豆（20ページ参照）……30粒

しょうがの甘酢漬け……適量

作り方

1. 油揚げは長さを半分に切って中を開き、袋状にする。熱湯にくぐらせて油抜きをする。
2. 鍋に水150mℓと煮干し、**1**を入れて火にかける。油揚げがふっくらしたら**A**を加えて、煮汁がほとんどなくなるまで煮詰める。
3. すし酢の材料を混ぜておき、炊きたてのごはんに加えて混ぜ、冷ます。
4. **2**の袋を開いて、**3**を10等分して詰め、袋の口を内側に折り込む。それぞれに、黒豆としょうがの甘酢漬けをのせる。

筋肉をふやす食材

大豆加工品

水のきれいな信州では、大豆をゆでて作る豆腐や油揚げがおいしく、料理にふんだんに使います。とくに油揚げは、肉を使わなくてもコクが出るので、ふだんのおかずに加えるほか、甘辛く煮たものを葬儀の際に出す風習があるほど、愛用されてきました。

　豆腐を作る過程でできるのが豆乳。豆乳の栄養は牛乳に負けていません。たんぱく質のほか、カルシウムなどのミネラルも豊富で、乳脂肪分がなく、低カロリーなのも魅力です。この豆乳を植物性乳酸菌で発酵させたものが豆乳ヨーグルト。さっぱりした風味で高たんぱく質、低脂肪のうえ、乳酸菌が腸内環境を整えてくれます。これもわたしがよく使う食材です。

　もう一つ愛用しているのは、大豆を炒って挽いたきなこ。甘みをつけて、だんごやもちにかけるほか、みそと混ぜてあえ衣にし、料理にも使います。青大豆のきなこをまぶしたおにぎりは、「稲が青々と育つように」との願いを込めて、昔は田植えのときによく食べたものです。

豆乳ヨーグルト

きなこ

油揚げ

油揚げとほうれん草の炒め物

油揚げの油分がほうれん草にコクをプラス。シンプルな味つけにし、手早く炒めます。

材料・2～3人分

油揚げ……2枚
ほうれん草……200g
薄口しょうゆ……大さじ1
油……大さじ1
粗びき黒こしょう……少々

作り方

1 油揚げは細切りにする。ほうれん草は4cm長さに切る。

2 フライパンに油を熱し、1を入れて炒める。ほうれん草がしんなりしたら、薄口しょうゆを回しかけてひと混ぜする。

3 器に盛り、こしょうをふる。

鶏ひき肉の信田巻き

ひき肉のあんを、油揚げで巻いて蒸した、うまみがたっぷりのおかずです。

材料・3〜4人分

油揚げ……3枚
鶏ひき肉……300g
生しいたけ……2個
しょうがのみじん切り……小さじ1
卵……1個
みそ……大さじ1
パン粉……1/4カップ

作り方

1 しいたけは軸を切り落として細切りにする。油揚げは三辺の端を切って開く（a）。切った油揚げの端は刻み、しいたけとともにボウルに入れる。

2 開いた油揚げ以外の材料をすべて加え、よく練り混ぜる。

3 開いた油揚げに2を等分に塗り広げ（b）、長辺を手前にして巻く（c）。

4 せいろ（蒸し器）に3を並べて強火にかけ、蒸気が上がったら中火にして13分蒸す。粗熱がとれたら一口大に切り、器に盛る。

a

油揚げは長辺の片方だけを残して三辺を細く切り落とし、破れないようにそっと開き、1枚にする。

b

油揚げの裏側にひき肉あんをのせ、均等の厚さになるように、全体に指で広げる。

c

手前から向こうへと巻き、筒状に形を整える。これを3本作り、せいろで蒸す。

油揚げのみそ漬け焼き

みそ味をしっかりつけて、
香味野菜とともに香ばしく焼きます。
おつまみにもぴったり。

材料・2人分

油揚げ……2枚
みそ……大さじ1
みょうが……2個
長ねぎ……15cm

作り方

1 油揚げの片面に、みそ大さじ1/2ずつを塗り、ラップに包んで冷蔵庫に一晩おく。

2 みょうがと長ねぎは小口切りにする。

3 1に2をのせて、魚焼きグリルで3分ほど焼く。食べやすく切り、器に盛る。

にんじんと白滝のきなこみそあえ

甘辛く煮たにんじんと白滝を
コクのあるきなこみそであえた副菜です。

材料・2〜3人分

にんじん……1/2本（80g）
白滝……150g
A しょうゆ……大さじ1
　みりん……小さじ1
B きなこ……大さじ2
　みそ……大さじ2
　みりん……大さじ1
　砂糖……小さじ1
油……小さじ1

作り方

1 にんじんはせん切りにする。白滝は熱湯でゆでてざるに上げ、5cm長さに切る。

2 鍋に油を熱し、1を入れて炒める。火が通ったら、水大さじ2とAを加えて、煮汁がほぼなくなるまで煮る。

3 ボウルにBを入れて混ぜ、2を加えてあえる。

白玉だんごのきなこ黒みつがけ

相性抜群の黒みつときなこの組み合わせ。きなこは好きなだけたっぷりかけて。

材料・作りやすい分量

白玉粉……100g
黒糖……50g
きなこ（あれば青大豆のきなこ）……適量

作り方

1 ボウルに白玉粉と水1/2カップを入れて練り混ぜ、一口大に丸める。

2 小鍋に湯を沸かし、1の中央を指で少しへこませて1個ずつ入れる。浮かんできたらさらに1分ほどゆでて、水にとる。

3 小鍋に黒糖と水50mlを入れて火にかけ、黒糖を溶かして黒みつを作る。

4 2の水けをきって器に入れ、3ときなこ各適量をかける。

おろしりんごの豆乳ヨーグルト

朝食におすすめの一品。
おなかの調子が整います。

材料・2〜3人分

豆乳ヨーグルト……大さじ6
りんご……1個

作り方

1 りんごは4つ割りにして芯を取る。半分は皮をむき、半分は皮つきのまま薄い塩水（材料外）にさっと通す。

2 1をすりおろし、豆乳ヨーグルトと混ぜる。

豆乳ヨーグルトのコールスロー

マヨネーズを豆乳ヨーグルトに替え、
さっぱりした味に。

材料・3〜4人分

きゅうり……2本
キャベツ……2枚
にんじん……1/2本
塩……野菜の重さの2%

A
豆乳ヨーグルト……大さじ4
はちみつ……小さじ1
塩、こしょう……各少々

作り方

1 きゅうりは斜め薄切り、キャベツは細切り、にんじんはせん切りにする。これらをボウルに入れて塩をふり、しんなりするまでおいて、水けをきる。

2 Aを加えて混ぜる。器に盛り、好みで粗びき黒こしょう（材料外）をふる。

腸内環境を整える食材

小豆、金時豆、花豆

豆類の中でも、小豆や、金時豆や花豆などのいんげん豆の仲間は、たんぱく質よりでんぷん質が多く、食物繊維も豊富。ゆでるとホクッとした食感になるのが特徴です。これらの豆は、炊飯器は使わず、水からゆっくりとゆでます。甘く煮ると、お茶請けにぴったり。わたしは、「コーヒーに小豆のあんこ」がお気に入りです。

小豆の赤飯はお祝い事があるときだけでなく、ふだんから作ります。もち米なので、蒸すとモチッとした食感に。うるち米で作ってもおいしいものです。

金時豆は、洋風の料理にもよく合います。野菜とともにピクルスやサラダに加えると食感に変化がつき、煮込み料理に入れるとまろやかな口当たりに。ボリュームのあるおかずになります。

冷涼な土地で育つ花豆は長野県の特産品。粒が大きく、食べごたえがあります。わたしはほんのり甘い薄甘煮をよく作ります。甘さが控えめなので、ほかの食材と合わせやすく、アレンジの幅が広がります。

花豆　金時豆　小豆

小豆をゆでる

1
ボウルに小豆300gを入れて、水2と1/2カップを注ぎ、塩大さじ1（塩分濃度3%）を加えてざっと混ぜる。

2
そのまま一晩（8時間）おいて小豆を戻し、ざるに上げてざっと洗う。
＊塩水で戻すと、豆が割れにくくなる。

3
鍋に2と水4カップを入れて強火にかける。

4
沸騰したら中火にし、10〜15分ゆでてざるに上げ、湯をきる。

5
鍋に小豆を戻し、水5カップを注いで再び強火にかけ、沸騰したら中火にしてやわらかくなるまで20分ほどゆでる。

保存
粗熱がとれたら、軽く水けをきり、ジッパーつき保存袋に入れて保存（赤飯を作る場合はゆで汁はとっておく）。冷蔵で5日ほど、冷凍で1か月ほど保存可能。
＊金時豆、花豆も同様にゆでて保存できる。

小豆あんを作る

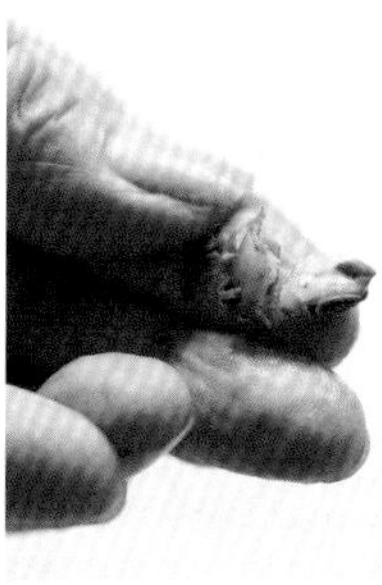
1
「小豆をゆでる」を参照して、小豆が指で簡単につぶせるくらいやわらかくなるまでゆでる。

2
木べらで大きく混ぜながら火にかけ、水分を飛ばしていく。小豆がもったりしてきたら、小豆（乾）300gに対して砂糖200gを3回に分けて加える。木べらで鍋底をこするようにして練り混ぜる。

3
ふつふつと沸騰してきたら火を止める。粗熱をとり、保存容器に入れて保存する。冷蔵で5日、冷凍で1か月ほど保存可能。

材料・作りやすい分量

もち米……2合
ゆで小豆（ゆで方は31ページ参照）……100g
小豆のゆで汁（31ページ参照）……150㎖

赤飯

15分で蒸し上がる、その秘密は、もち米に小豆のゆで汁を吸水させておくこと。もちもちした食感に小豆の風味が加わった豊かな味わいは、ハレの日のごちそうに。

作り方

1 もち米は洗って一晩（8時間）水につけておく。

2 鍋に**1**と小豆のゆで汁を入れて火にかけ、木べらで混ぜながら、もち米にゆで汁を吸水させる（a）。ゆで汁がほとんどなくなったら火を止める。

3 せいろ（蒸し器）にふきんを広げて**2**を入れ（b）、ゆで小豆を加えて混ぜる（c）。強火にかけ、蒸気が上がったら中火にして15分蒸す。

a
もち米にゆで汁を吸わせておくことで、蒸し時間が短縮され、15分で蒸し上がる。

b
ふきんは水で濡らして絞り、せいろの上に広げ、もち米をのせる。

c
ゆで小豆を加えてもち米と混ぜ、ふたをして蒸す。蒸し上がったら盤台などに移し、粗熱をとる。

小豆かん

手作りすれば好みの甘さに調整できます。小さい容器で固め、見た目も愛らしく。

材料・作りやすい分量

小豆あん（31ページ参照）……150g
塩……ひとつまみ
棒寒天……4g

作り方

1 寒天はたっぷりの水に1時間以上つけておき、水けを軽く絞る。

2 鍋に水200㎖を入れて1をちぎって加え、火にかけて煮溶かす。

3 小豆あんと塩を加えてひと煮立ちさせる。粗熱がとれたら型に流し入れ、冷蔵庫に入れて冷やし固める。

4 固まったら型からはずし、器に盛る。

金時豆、玉ねぎ、セロリのピクルス

シャキシャキした野菜に金時豆を加え、食感のハーモニーを楽しみます。

材料・作りやすい分量

ゆで金時豆（ゆで方は31ページ参照）……大さじ5
玉ねぎ……100g
セロリ……100g
ピクルス液
- 酢……150mℓ
- 水……200mℓ
- 砂糖……大さじ5
- 塩……大さじ1

赤唐辛子……1本

作り方

1 玉ねぎは1cm幅のくし形切りにし、セロリは5cm長さの棒状に切る。これらを熱湯にさっと通してざるに上げる。

2 ボウルにピクルス液の材料を入れて混ぜる。

3 保存容器に1とゆで金時豆を入れて、2を注ぎ、赤唐辛子を加える。

＊1時間後から食べられる。冷蔵で1週間ほど保存可能。

金時豆とミートボールのトマトスープ

金時豆はトマト味の煮込みによく合います。ミートボールと合わせ、ボリュームアップ。

材料・3〜4人分

ゆで金時豆（ゆで方は31ページ参照）……大さじ5

ミートボール

- 豚ひき肉……300g
- 玉ねぎ（みじん切り）……70g
- パン粉……35g
- 酒……大さじ2
- 塩……小さじ1
- 卵……1個

玉ねぎ（一口大に切る）……1個（160g）

にんにくのみじん切り……大さじ1

しょうがのみじん切り……小さじ2

油……大さじ1

トマトの水煮（缶詰）……1缶（400g）

塩、砂糖……各小さじ1/2

作り方

1 ボウルにミートボールの材料を入れて練り混ぜる。これを20等分して丸め、たっぷりの熱湯で7分ほどゆで、火を止める。

2 そのまま冷めるまでおき、ミートボールを引き上げる。ゆで汁は脂分を取り除き、とっておく。

3 鍋に油を熱し、玉ねぎ、にんにく、しょうがを入れて炒める。

4 2のゆで汁400mℓ、ミートボール、ゆで金時豆、トマトの水煮を缶汁ごと加えて10分ほど煮る。塩と砂糖で味を調える。

花豆とほたてのマリネ

大きな花豆を加えれば、食感に変化が出てひと味違うマリネに。魚介にもよく合います。

材料・2人分

ゆで花豆（ゆで方は31ページ参照）……10粒
ほたて貝柱（刺し身用）……100g
塩蔵わかめ……40g
パプリカ（赤・黄）……各1/4個
玉ねぎ……50g
A
酢……大さじ3
砂糖……大さじ1
油……大さじ2
塩……小さじ1/2

作り方

1 塩蔵わかめは水につけて戻し、一口大に切る。パプリカは細切りにし、玉ねぎは繊維に沿って薄切りにする。

2 ボウルにAを入れてよく混ぜ、ゆで花豆、ほたて、1を加えてあえる。

花豆の薄甘煮

豆のおいしさが詰まった花豆は
薄甘く煮て、
そのままおやつに。
デザートの素材としても
活躍します。

材料・作りやすい分量

花豆（乾）……300g
塩……大さじ1
砂糖……100g

作り方

1 花豆は31ページの小豆のゆで方1〜4を参照してゆで、湯をきる。

2 鍋に花豆を戻し、水5カップを注いで再び強火にかけ、沸騰したら弱火にし、砂糖を3回に分けて加え、20分ほど煮る。砂糖は、1回目は5分後に入れ、2回目、3回目は3〜5分間隔をあけて入れる。

*粗熱がとれたら、煮汁ごと保存容器に入れて冷蔵庫で保存。または、ジッパーつき保存袋に入れて冷凍する。冷蔵で1週間ほど、冷凍で3週間ほど保存可能。

花豆の薄甘煮で

花豆と干し柿、カッテージチーズのディップ

チーズの酸味、はちみつと干し柿の甘みをミックス。パンに塗って、ワインのおともに。

材料・1人分

花豆の薄甘煮……5粒
花豆の薄甘煮の煮汁……小さじ2
カッテージチーズ……100g
はちみつ……小さじ1
干し柿……30g

作り方

1 干し柿は種があれば取り除き、細かく刻む。

2 すべての材料を混ぜ合わせ、器に盛る。

腸内環境を整える食材

干し野菜

冬が長く、野菜が育つ期間が短い信州では、旬の野菜を保存する知恵が発達してきました。その一つが干し野菜。生の野菜を天日に干すと、水分が抜けて保存性が高まるうえ、うまみが凝縮します。干す野菜はなんでもかまいません。干すことでビタミン類、ミネラル類、食物繊維の含有量がふえ、腸内環境を整えて、便秘の解消にも一役買います。

ピーマンやパプリカは、干すことで甘みが増し、炒め煮にすると、生とは違った歯ごたえが楽しめます。きのこ類は、天日に干すとビタミンDがふえ、うまみもぐっと増します。干しえのきたけは、キッチンばさみで細かく切ってふりかけにすると絶品。みそ汁に入れれば、濃厚な風味が広がります。

干しにんにくもおすすめ。苦みが抜けて、食欲をそそる香りが増します。炒め物などに少量ずつ使えるのも便利です。

干し野菜は分量が5分の1ほどに減るので、保存の場所を取りません。冷凍すれば、長期保存も可能です。

ピーマン、パプリカを干す

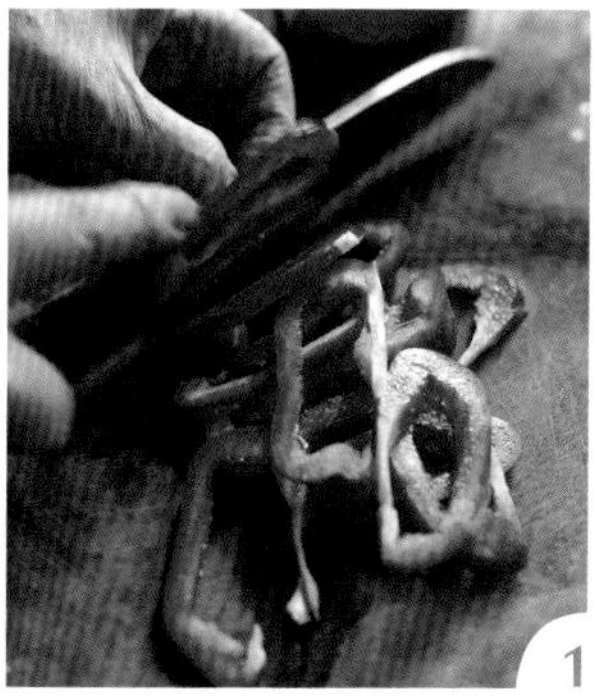
1
ピーマン、パプリカは縦半分に切ってヘタと種を取り除き、細切りにする。

2
ざるに重ならないように広げて、日差しの強い時間帯に6時間ほど天日に干す。

3
水分が抜けてカラカラになったらできあがり。ジッパーつき保存袋に入れて保存する。乾きが不十分なら冷蔵保存する。

えのきたけを干す

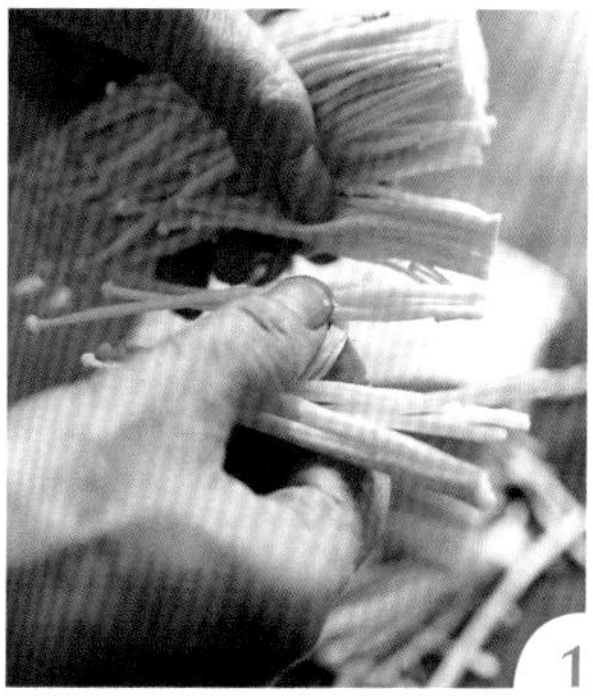
1
えのきたけは根元を少し切り落とし、3〜4本ずつにほぐす。

2
ざるに重ならないように広げて、日差しの強い時間帯に6時間ほど天日に干す。

3
水分が抜けて、細く茶色っぽくなったらできあがり。ジッパーつき保存袋に入れて保存する。乾きが不十分なら冷蔵保存する。

にんにくを干す

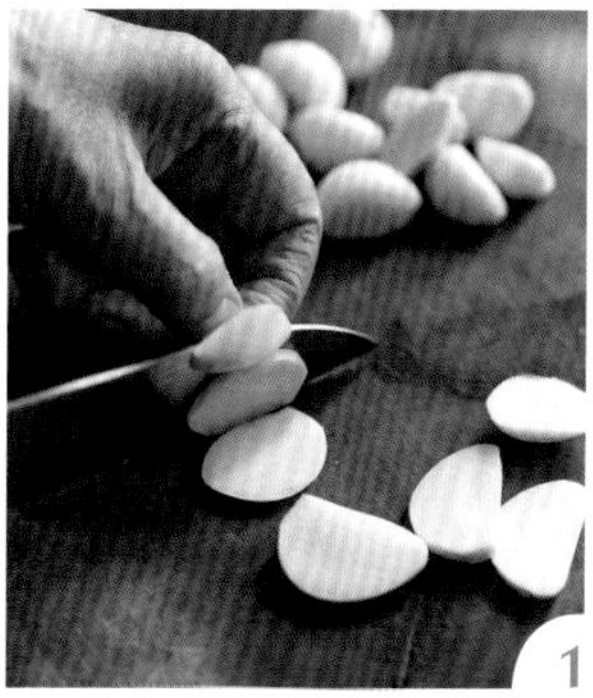
1
にんにくは1片ずつはずし、薄皮をむいて薄切りにする。

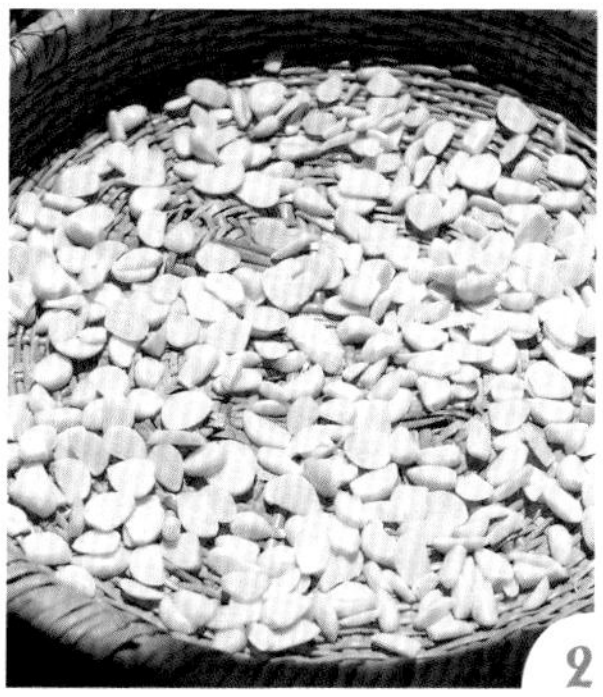
2
ざるに重ならないように広げて、日差しの強い時間帯に6時間ほど天日に干す。

3
水分が抜けて縮み、茶色っぽくなったらできあがり。ジッパーつき保存袋に入れて保存する。乾きが不十分なら冷蔵保存する。

干しピーマンときくらげの煮物

干しピーマンは煮ながら戻し、味をつけます。
コリコリした食感の具材を加えて。

材料・作りやすい分量

- 干しピーマン（41ページ参照）……50g
- 生きくらげ……100g
- 白滝……200g
- 煮干し……中6尾（10g）
- しょうゆ……大さじ2と1/2
- 砂糖……小さじ2

作り方

1. きくらげは細切りにする。白滝は熱湯で下ゆでし、ざるに上げて5cm長さに切る。
2. 鍋に干しピーマンと水150mℓ、煮干しを入れて火にかける。ピーマンがやわらかくなったら1を加えて2～3分煮て、しょうゆ、砂糖で調味する。

干しパプリカのきんぴら

干すことでうまみと歯ごたえがアップ。甘辛味があとを引き、常備菜に最適です。

材料・作りやすい分量

干しパプリカ（41ページ参照）……50g
ごぼう……1/2本
みりん……大さじ1
しょうゆ……大さじ1
ごま油……小さじ2

作り方

1 ごぼうは斜め薄切りにしてから、数枚ずつ重ねてせん切りにする。ボウルに入れてざっと水洗いし、ざるに上げる。

2 フライパンにごま油を熱し、干しパプリカとごぼうを炒める。水200mlを加え、ごぼうがやわらかくなるまで煮る。みりん、しょうゆで調味する。

干しえのきのふりかけ

えのきと削り節のダブルのうまみにごまの香ばしさが加わり、ごはんが進みます。

材料・作りやすい分量

干しえのきたけ（41ページ参照）……25g
削り節……50g
しょうゆ……大さじ2
みりん……大さじ1
白炒りごま……大さじ2

作り方

1 干しえのきたけはフードプロセッサーなどで細かく刻む（a）。

2 削り節はフライパンに入れてから炒りし、ボウルに移す。手でもんで細かくする。

3 2にしょうゆ、みりんを加えてよく混ぜ、1と炒りごまを加えて混ぜる。

＊保存容器に入れ、冷蔵庫で保存。10日ほど保存可能。

a キッチンばさみで2cm長さに切ってフードプロセッサーに入れ、粉砕する。

干しえのきのみそ汁

煮干しとえのきのだしで濃厚なうまみに。具はシンプルにします。

材料・2人分

干しえのきたけ（41ページ参照）……10g
三つ葉……1/2束
木綿豆腐……1/3丁（100g）
煮干し……中5尾（8g）
みそ……大さじ1

作り方

1 干しえのきたけと三つ葉は3cm長さに切る。豆腐は2cm角に切る。

2 鍋に水300mlと煮干しを入れて火にかけ、煮立ったらみそを溶き入れる。

3 干しえのきたけと豆腐を加えてひと煮立ちさせ、最後に三つ葉を加える。

干しにんにく入り焼きうどん

たっぷりの野菜を
にんにく風味でまとめます。
ソースのコクと相まって、
食欲が増す味に。

材料・1〜2人分

ゆでうどん……1玉
長ねぎ……1本
パプリカ（赤）……1/2個
もやし……1袋
干しにんにく（41ページ参照）……20g
中濃ソース……大さじ2
油……大さじ1

作り方

1 長ねぎは斜め薄切りにする。パプリカは細切りにする。

2 フライパンに油を熱し、干しにんにくを入れて炒め、香りが出たら**1**ともやしを加えて炒める。

3 うどんを加えて炒め合わせ、ソースを加えて全体に味をつける。

腸内環境を整える食材

しょうゆ糀、甘酒

わが家の食事には、かならず発酵食品が登場します。手作りの漬け物、みそ汁はもちろん、糀を発酵させたしょうゆ糀や甘酒も調味料として大活躍。発酵食品は腸内の善玉菌をふやし、免疫力をアップして病気の予防に役立ちます。

しょうゆ糀は、糀に同量のしょうゆを加えて3日～1週間室温において発酵させるだけ。野菜や魚介のあえ衣に、焼き物や炒め物の調味料にも使います。青唐辛子を加えて発酵させると、より深みのある味になり、おすすめです。

一方、甘酒はすっきりした味わいを大事にしています。わたしの母の甘酒は、炊いたもち米に糀を加え、こたつにおいて発酵させたもの。これが甘すぎるほどに甘かったので、もっとすっきりした甘さにしようと、糀と水だけで、炊飯器の保温機能を利用して発酵させています。この甘酒にしょうゆを加えれば、野菜や肉、魚のつけだれとしても重宝します。

毎日の発酵食が、わたしの腸の健康の源です。

甘酒

しょうゆ糀

しょうゆ糀を作る

1 米糀のかたまりを指でバラバラにほぐしながら、ボウルに入れる。

2 米糀と同量のしょうゆを注ぎ入れる。

3 上下を返すようにしてスプーンで混ぜ、しょうゆを全体に行きわたらせる。ラップをかけて常温におき、1日1～2回混ぜて発酵を促す。

4 3日～1週間たって、とろっとしてきたらできあがり。保存容器に入れて冷蔵庫で保存する。冷蔵で1年ほど保存可能。

甘酒を作る

1 炊飯器の内釜に米糀300gをほぐし入れ、水500㎖を注ぐ。保温スイッチを入れて2時間保温を続け、発酵させる。

2 とろっとした甘酒のできあがり。そのまま冷まし、保存容器に入れて冷蔵庫で保存する。冷蔵で1週間ほど保存可能。

桃甘酒

甘酒はフルーツと混ぜるだけで香りのよいデザートに。

材料と作り方・2人分

1 桃1個は半分に割って種を除き、皮をむいて乱切りにして容器に入れる。

2 甘酒大さじ6を加えて、ブレンダーでペースト状にする。

夏野菜と豆腐のしょうゆ糀あえ

甘み、塩け、うまみのあるしょうゆ糀なら野菜にも、豆腐にもぴったりと合います。

材料・2人分

なす……1個
モロッコいんげん……2本
木綿豆腐……1/3丁（100g）
しょうゆ糀（49ページ参照）……大さじ2

作り方

1 なすは縦半分に切って皮に細かい斜め格子状の切り目を入れる。モロッコいんげんとともにせいろ（蒸し器）に並べ入れて強火にかけ、蒸気が上がったら中火にして10分蒸す。それぞれ2cm幅の斜め切りにする。

2 豆腐はさいの目に切る。

3 ボウルに1と2を入れ、しょうゆ糀を加えてさっくりとあえる。

材料・作りやすい分量

いかの一夜干し……1枚
しょうゆ糀（49ページ参照）……大さじ2

作り方

1 いかは魚焼きグリルなどで両面を焼き、足は切り離す。胴は縦半分に切り、繊維を断ち切るように細いそぎ切りにする。足は食べやすい長さに切る。

2 ボウルに1としょうゆ糀を入れてあえる。

焼きいかのしょうゆ糀あえ

いかは一夜干しを使うと下ごしらえ不要。香ばしく焼いて、しょうゆ糀をからめます。

青唐辛子しょうゆ糀

青唐辛子を加えたしょうゆ糀です。さわやかな辛みと独特の風味が加わります。

材料・作りやすい分量

青唐辛子……50g
米糀……50g
しょうゆ……50mℓ

作り方

1 青唐辛子はヘタを切り落とし、縦半分に切って種を取り、5㎜幅に切る。

2 ボウルに1と米糀を入れ、しょうゆを注ぐ（a）。スプーンで混ぜて全体にしょうゆを行きわたらせる。ラップをかけて常温におき、1日1～2回混ぜて発酵を促す。

3 3日～1週間たって、とろっとしてきたらできあがり。

*保存容器に入れて冷蔵庫で保存。冷蔵で1年ほど保存可能。

a

青唐辛子の量は、好みで加減してもよい。しょうゆ糀と同様にいろいろな料理に使える。

青唐辛子しょうゆ糀で
湯豆腐

奥深い青唐辛子しょうゆ糀の味わいで湯豆腐が数倍おいしくいただけます。

材料・2～3人分

木綿豆腐……1丁（300g）
昆布（8×20㎝）……1枚
青唐辛子しょうゆ糀……大さじ3

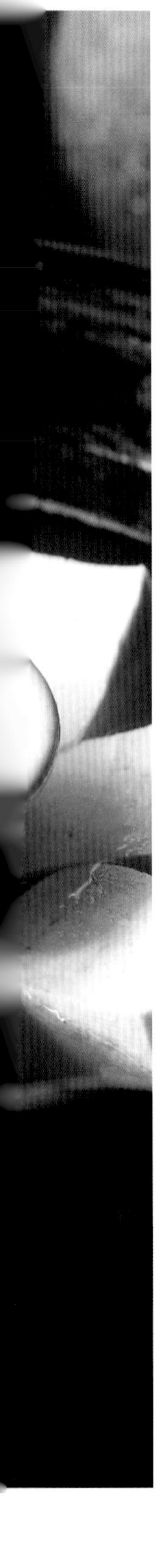

作り方

1 豆腐は8等分する。

2 鍋に昆布と水適量を入れて火にかける。そのとき、小さな器に青唐辛子しょうゆ糀を入れて、鍋の中に入れておく。

3 煮立ってきたら1を入れて温める。豆腐がゆらゆらしてきたら、小鉢に取り分け、青唐辛子しょうゆ糀をかけて食べる。

甘酒しょうゆ

しょうゆに風味のよい甘酒の甘みをつけます。野菜や豆腐にかけたり、肉や魚を漬けても。

材料・作りやすい分量
甘酒（49ページ参照）……大さじ4
しょうゆ……大さじ5

作り方

1 保存容器に甘酒としょうゆを入れて混ぜる。

＊冷蔵庫で保存。10日ほど保存可能。

甘酒しょうゆで

野菜スティック

好みの野菜に甘酒しょうゆをつけてあっさりといただきます。

材料・2〜3人分
きゅうり……1本
セロリ……1/2本
コリンキー……適量
赤大根……1/2本
ビーツ……適量
甘酒しょうゆ……大さじ3

作り方

1 きゅうりは縦半分に切って、長めの斜め切りにする。セロリ、赤大根は棒状に切る。コリンキーは薄切りにする。

2 ビーツは1cm厚さの半月切りにして熱湯でゆで、油少々（材料外）をひいたフライパンで焼く。

3 1、2を器に盛り、甘酒しょうゆを添える。

＊ビーツは1個をゆでておき、必要な分だけ切って、焼いてもよい。

甘酒しょうゆで

豚肉のつけ焼き

糀の働きで肉がやわらかくなります。
にんにくをきかせて香りをつけ、
たっぷりのキャベツを添えていただきます。

材料・2人分

豚ロースしょうが焼き用肉……4枚（200g）
甘酒しょうゆ……大さじ2
干しにんにく（41ページ参照）……3片分
油……大さじ1
キャベツのせん切り……適量
みょうがのせん切り……1個分

*干しにんにくがなければ、ふつうのにんにく3片を薄切りにして使ってもよい。

作り方

1 豚肉をバットに広げ、甘酒しょうゆをかけて30分おく（a）。
2 フライパンに油と干しにんにくを入れて火にかけ、香りが出てきたら1を入れて両面を焼く。
3 器にキャベツとみょうがを盛り、2を盛る。

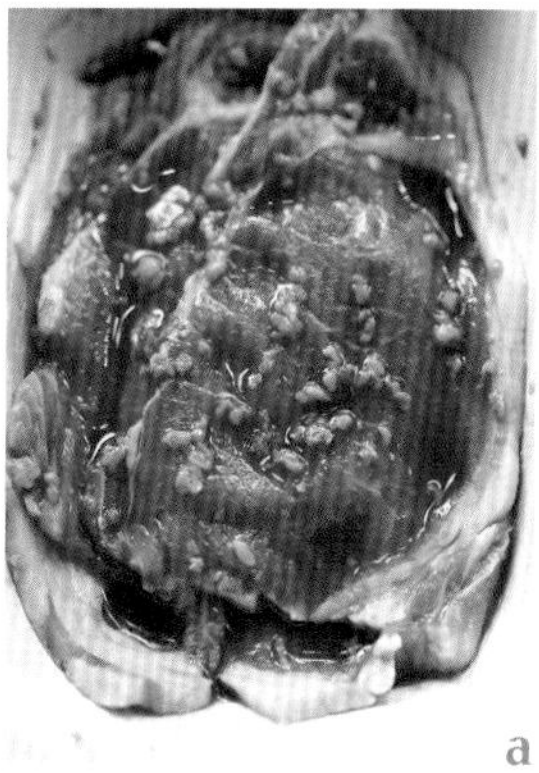
a
しょうゆ味と甘み、うまみが混じり合ったたれで肉がやわらかくなり、香ばしく焼ける。

腸内環境を整える食材

寒天

寒天は、海藻類の天草（てんぐさ）を主原料にして煮溶かし、冷やし固めて乾燥させたもの。信州の寒天は、冬の寒さと乾燥した空気にさらして作られてきました。

わたしは、棒寒天と糸寒天をよく使います。どちらも液体を固めたデザートや寄せ物料理に用いて、つるんとしたのど越しを楽しみます。海藻でできているので食物繊維が豊富で、低カロリー。便通を促すので肌荒れを防ぎます。コレステロール値を低下させるなど、生活習慣病を予防する働きも。

寒天で固めるには一度煮溶かさないといけないのですが、わたしは、寒天をもっと手軽に食事に取り入れたくて、煮溶かさずに調理するレシピも考えました。戻しただけの寒天をサラダやあえ物、酢の物に加えれば、歯ごたえが加わって、いつもとひと味違うおいしさになります。ごはんに炊き込めば、知らず知らずのうちに食物繊維をとることができます。

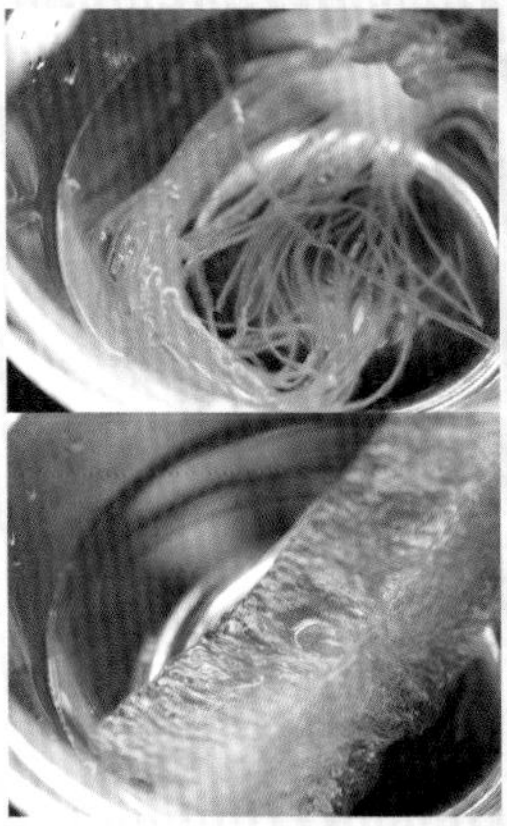

糸寒天（上）も棒寒天（下）もたっぷりの水につけて戻し、軽く水分を絞ってから使う。戻してそのまま食べることもできる。

寒天サラダ

せん切り野菜に
戻した糸寒天を加え、
ツルッとした食感を
プラスします。

材料・2人分

キャベツ……130g
にんじん……35g
糸寒天……5g
A 薄口しょうゆ……大さじ1
にんにくのみじん切り……大さじ1
酢……大さじ1
油……大さじ1

作り方

1 糸寒天はたっぷりの水に1時間以上つけて戻し、水けをきって7cm長さに切る。

2 キャベツは繊維を断ち切るようにせん切りにする。にんじんは長いせん切りにする。せん切り用スライサーにかけてもよい。

3 ボウルに1と2を入れて、Aを加えてさっくりと混ぜ合わせる。

卵寒天

かきたま汁を寒天で固め、
上品な副菜に。
だしのきいた
やさしい味わいです。

材料・32×5×高さ4㎝のトヨ型1台分

糸寒天……5g
削り節……20g
溶き卵……2個分
薄口しょうゆ……小さじ2
塩……小さじ1/2

作り方

1 糸寒天はたっぷりの水に1時間以上つけて戻し、水けをきる。

2 鍋に水500㎖を沸かし、削り節を入れてひと煮立ちさせ、火を止める。削り節をふきんなどで漉し、だしをとる。

3 鍋に2と1を入れて火にかけ、ときどき混ぜながら寒天を煮溶かす（a）。煮立ったら溶き卵を流し入れ、大きく混ぜる。火を止めて、薄口しょうゆと塩で調味する。

4 3を型に流し入れ（b）、粗熱がとれたら冷蔵庫に入れて冷やし固める。型から取り出し、食べやすく切る。

a かつおだしに戻した寒天を入れて火にかけ、完全に煮溶かす。

b 寒天液は室温でも固まるが、やや時間がかかる。トヨ型がなければ流し缶などでもよい。

寒天炊き込みごはん

ふつうに炊いたごはんと
味は変わりませんが
寒天の食物繊維がたっぷりです。

材料・作りやすい分量

米……2合
棒寒天……2g

作り方

1 寒天はたっぷりの水に1時間以上つけて戻し、水けを軽く絞る。

2 米は洗って30分ほど浸水させ、ざるに上げる。厚手の鍋に米を入れ、水400mlを加える。

3 2に1を一口大にちぎって入れ(a)、ふたをして火にかけ、沸騰したら弱火にして15分ほど炊く。

4 炊き上がったら10分ほど蒸らし、しゃもじで上下を返すようにして混ぜる。

*炊飯器で炊く場合は、2で2合の目盛りまで水を入れ、ふつうに炊く。

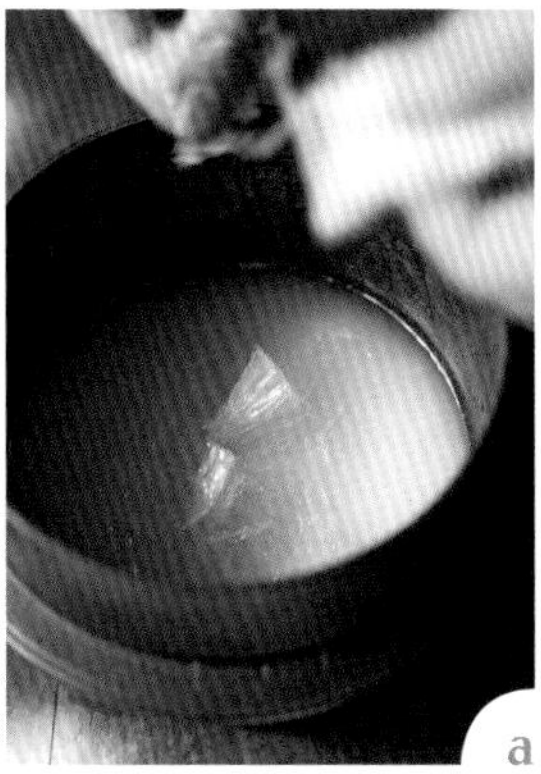

a
水で戻した棒寒天を小さくちぎって米に加え、通常の水加減で炊く。

腸内環境を整える食材

フルーツ

信州は果物王国です。いちばん有名なのはりんごですが、春夏秋冬、さまざまな果物が実ります。あんず、ブルーベリー、桃、プルーン、ぶどう……などなど。

果物はそのまま生で食べられ、これほどありがたい食材はありません。新鮮な香りとみずみずしい果汁は心身を癒やしてくれ、食物繊維やビタミン類をたっぷり含みます。りんごには塩分のとりすぎを調整するカリウムが、ブルーベリーには目の疲れに効くアントシアニンが、プルーンには鉄分が豊富に含まれます。

ブルーベリーは生を冷凍することができますが、そのほかの果物は、火を通して容器に詰め、保存します。砂糖を加えて煮る場合には、果物の持ち味を損なわないように、量を加減しましょう。

たくさん手に入るりんごは、蒸してペースト状に。こうすると砂糖を加えなくても十分甘いのです。生のまま酢に漬けて、りんご酢にするのもおすすめです。

ブルーベリーはジッパーつき保存袋に入れて冷凍保存すると、少量ずつそのまま使えて便利。

ブルーベリー豆乳

豆乳にブルーベリーの甘酸っぱさを加えて、さわやかなドリンクに。

材料・1人分

ブルーベリー……大さじ2
無調整豆乳……100㎖
はちみつ……小さじ1

作り方

1 コップに豆乳とブルーベリーを入れ、はちみつを注ぐ。かき混ぜながら飲む。

カマンベールチーズとブルーベリーのオーブン焼き

焼いて凝縮したブルーベリーの甘みをチーズと味わうリッチな一品。

材料・作りやすい分量

カマンベールチーズ……1個（90g）
ブルーベリー……大さじ2

作り方

1 カマンベールチーズは周囲を1㎝ほど残して、表面の白い部分を円形に切り取る。耐熱容器に切り取ったものを敷き、上にチーズをのせる。

2 切り取ったところにブルーベリーをのせ、200℃のオーブンで10分ほど焼く。

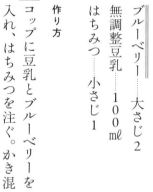

りんごペースト

りんごを蒸してブレンダーにかけるだけ。熟れすぎたりんごでも十分おいしくでき、煮込み料理やスープのかくし味にも大活躍。

材料・作りやすい分量

りんご……2個

作り方

1 りんごは皮ごと4等分して芯を取り除く。乱切りにして薄い塩水（材料外）につけ、変色を防ぐ。

2 せいろ（蒸し器）に入れて強火にかけ、蒸気が上がったら中火にして10分蒸す（a）。皮をはずして容器に移し、ブレンダーでペースト状にする。

a

りんごは煮るより蒸すほうが、酸味や甘み、香りが残っておすすめ。

りんごペーストで

カレーライス

スパイシーなカレーに、りんごペーストでまろやかさを加えます。ターメリックライスとの相性も抜群。

材料・4人分

豚肩ロースかたまり肉……300g
玉ねぎ……1個
パプリカ（赤・黄）……各1/2個
ピーマン……1個
クミンシード……小さじ2
にんにくのみじん切り……2片分
油……大さじ1
ココナッツミルク……400mℓ
トマトの水煮（缶詰）……1缶（400g）
カレー粉……大さじ1
りんごペースト……大さじ2
塩……小さじ2
ターメリックライス*……適量

*米2合にターメリック小さじ2を加えて炊いたもの。

作り方

1 豚肉は2cm角に切る。玉ねぎは粗みじん切りにする。パプリカ、ピーマンは一口大に切る。

2 鍋に油を入れて火にかけ、クミンシード、玉ねぎ、にんにく、豚肉を順に入れ、炒める。

3 肉の色が変わったら、ココナッツミルク、トマトの水煮、パプリカ、ピーマンを加える。煮立ったら弱火にして肉がやわらかくなるまで煮る。

4 カレー粉を煮汁大さじ2で溶いて加え、全体に混ぜる。りんごペーストを加えてひと煮立ちさせ、塩で調味する。

5 器にターメリックライスを盛り、4をかける。

りんご酢

りんごの香りと
風味を移した、
マイルドな酸味の酢です。

材料・作りやすい分量

りんご……1と1/2個
酢……500㎖

作り方

1 りんごは皮つきのまま4つ割りにして芯を取り除き、乱切りにする。
2 保存容器に1を入れ、酢を注いで常温におく。1か月後から利用できる。

*常温で半年ほど保存可能。

りんご酢で

りんごと大根の酢の物

シャキシャキしたりんごと
大根をりんご風味の甘酢であえます。

材料・2〜3人分

りんご……1/2個
大根……150g
長ねぎの青い部分……少々
A
りんご酢……大さじ3
砂糖……小さじ2
塩……小さじ1/2

作り方

1 りんごは皮つきのまません切りにし、大根は5㎝長さのせん切りにする。長ねぎの青い部分もせん切りにする。
2 ボウルに1を入れ、Aを混ぜて加える。全体に味が回るように混ぜ合わせる。

プルーンのコンポート

酸味の強いプルーンは甘く煮て食べやすく。
ヨーグルトやアイスクリームに添えても。

材料・作りやすい分量

プルーン……5個（250g）
砂糖……50g

作り方

1 鍋に水400㎖と砂糖、プルーンを入れて火にかけ、煮立ったら弱火にして煮る。

2 果肉に竹串を刺して、スッと通るまでやわらかくなったら火を止め、そのまま冷ます。

＊保存する場合は、汁ごと保存容器に入れて冷蔵庫で保存。1週間ほど保存可能。

骨をじょうぶにする食材

小魚

年齢を重ねると骨密度が低下して骨粗鬆症になりやすく、骨折のリスクが高まります。それを防ぐため、日ごろからカルシウムを多く含む小魚を食べています。

　ちりめんじゃこは、いわし類の稚魚を塩水で煮てから乾燥させたものですが、カルシウムのほか、たんぱく質やビタミン類、DHA（ドコサヘキサエン酸）などの栄養がぎっしり詰まっています。

　煮干しもカルシウムやたんぱく質を多く含んでいます。わたしは、毎日飲むみそ汁も煮物も、煮干しだし*を使うので、カルシウムはとれていると思います。しかも、だしをとった煮干しも食べているので、栄養が無駄になりません。

　干しえびもカルシウムが豊富な食品。いろいろな種類がありますが、ここでは、扱いやすい素干し桜えびを使いました。料理に加えると、香ばしさとうまみが加わり、殻の赤い色もきれいです。

　これら3つを冷蔵庫に常備しておき、毎日の料理に意識して使うようにすれば、骨密度の改善にかなり役立ちます。

＊煮干しだし……水200㎖に煮干し中5尾（8g）を入れて火にかけ、ひと煮立ちしたら、煮干しを取り除く。みそ汁、煮物などはだしをとらず、具材と煮干しを一緒に煮てもよい。

桜えび　煮干し　ちりめんじゃこ

じゃこの三色丼

どんぶりにすれば、じゃこがたくさん食べられます。

炒り卵、パセリで味のバランスをとります。

材料・2人分

ちりめんじゃこ……20g
パセリのみじん切り……大さじ2
卵……2個
砂糖……小さじ2
酒……小さじ1
塩……少々
ごはん……茶碗2杯分

作り方

1 ちりめんじゃこはざるに入れて熱湯をさっと回しかける。パセリはざるに入れ、水を通して水けをきる。

2 卵は割りほぐし、砂糖、酒、塩を加えて混ぜる。小鍋を火にかけて卵液を入れ、箸を4本束ねて鍋底をこするように素早く動かしながら、ポロポロになるまで炒る。

3 器にごはんをよそい、中央にちりめんじゃこを、両脇に炒り卵とパセリを盛りつける。

煮干しとピーナッツのしょうゆ炒め

香ばしく炒った煮干しにピーナッツを加え、甘辛く仕上げました。あとを引く味です。

材料・作りやすい分量

煮干し……30g
ピーナッツ（無塩）……70g
A 砂糖……大さじ1
しょうゆ……大さじ1
酒……大さじ1
赤唐辛子（小口切り）……1本

作り方

1 鍋に煮干しを入れて火にかけ、から炒りする。

2 煮干しをいったん取り出し、Aを入れて軽く煮詰める。

3 煮干しを戻し入れ、ピーナッツを加えてからめ、火を止める。

煮干し、青菜、高野豆腐の煮びたし

高野豆腐はよく味を含ませ、青菜はさっと煮ます。煮干しも一緒に盛りつけていただきます。

材料・2人分

小松菜……100g
高野豆腐……16g×2枚
煮干し……中3尾（5g）
みりん……大さじ1
しょうゆ……大さじ1

作り方

1. 小松菜は4cm長さに切る。高野豆腐はぬるま湯に20分ほどつけてやわらかく戻し、両手ではさんで水けを絞る。これを6等分に切る。
2. 鍋に水200mℓと煮干しを入れて火にかけ、煮立ったらみりんとしょうゆを加える。
3. 高野豆腐を入れて6〜7分煮たら、小松菜を加えて1〜2分、しんなりするまで煮る。

桜えび入り卵焼き

桜えびの風味と歯ざわりがアクセントに。めん類のおかずや、お弁当にも向きます。

材料・作りやすい分量

桜えび(乾)……7g
卵……5個
A
　酒……小さじ2
　砂糖……大さじ1
　薄口しょうゆ……小さじ1と1/2
　塩……小さじ1/2
油……適量
大根おろし……適量
しょうゆ(好みで)……適量

作り方

1 ボウルに桜えびと水大さじ3を入れ、30分以上つけて戻す。

2 別のボウルに卵を割りほぐし、Aを混ぜ合わせて加え、さらに1を加えてよく混ぜる。

3 卵焼き器を熱して油少々をひき、2を適量流し入れて手前に巻く。空いたところに再び油少々をひき、2の適量を流して巻く。これを2〜3回繰り返して卵焼きを作る。

4 鬼すだれに3を取り、くるりと巻いて(a)ひもで結び、バットなどに立てて落ち着かせる。食べやすい大きさに切って器に盛り、大根おろしを添え、好みでしょうゆをかける。

a

鬼すだれは、三角形に加工した太めの竹で作られた巻きす。伊達巻を作る際にも使われる。

桜えびドレッシングのサラダ

桜えびはさっと洗い
歯ごたえを残します。
余さず利用。
えびの香り漂う
さわやかなサラダです。

材料・2人分

桜えび（乾）……10g
A 酢……大さじ2
　油……大さじ1
　塩……小さじ1
　こしょう……少々
ベビーリーフ……120g

作り方

1 桜えびは水でさっと洗い、ボウルに入れる。
2 Aを加えてよく混ぜ、ドレッシングを作る。
3 ベビーリーフを洗って水けをきり、器にふんわりと盛って2を回しかける。

骨をじょうぶにする食材

スキムミルク

カルシウムが手軽にとれておすすめの食材が、スキムミルクです。スキムミルクは牛乳から脂肪分と水分を取り除き、粉末状にしたもの。いわゆる脱脂粉乳です。カルシウムやたんぱく質はしっかりとれるけれど、脂肪分がほとんど含まれないため、カロリーは牛乳の半分というすぐれもの。年齢的にも、生活習慣病予防のために、動物性脂質はなるべく減らしたいので、スキムミルクは好都合です。

粉末なので保存がきき、賞味期限は1年程度。脂肪分をほとんど含まないため、劣化しにくいというメリットも。

スキムミルクをスープに使うと、さらっとした、あっさりめの味に仕上がります。無理にクリーミーにしようとせず、だしと合わせて和風味のチャウダーにしたり、りんごを加えてなめらかなスープにしたり。コーヒーや紅茶にも好適です。持ち味を生かした使い方をしましょう。ポイントは、少量の水や煮汁で溶いてから加えること。だまができず、のど越しがよくなります。

和風クラムチャウダー

あさりと野菜をだしで煮て
スキムミルクであっさりと仕上げます。

材料・2人分

あさり（砂抜きしたもの）……20個（240g）
じゃがいも……1個（150g）
小松菜……100g
しめじ……100g
A
- 煮干しだし……500mℓ
- 酒……大さじ2
- みりん……小さじ1
- しょうゆ……小さじ1/2

スキムミルク……大さじ6
油……大さじ1

作り方

1 あさりは表面をこすり合わせてよく洗う。じゃがいもは皮をむいて4等分に切る。小松菜は4cm長さに切り、しめじは根元を少し切ってほぐす。

2 鍋に油とあさりを入れて火にかけ、口が開いたら火を止めていったん取り出す。あさりから出た汁はそのまま残しておく。

3 2の鍋にAとじゃがいも、しめじを入れて火にかけ、煮立ったら弱火にしてじゃがいもがやわらかくなるまで煮る。

4 スキムミルクを3の煮汁適量で溶き、加えて混ぜる。あさりを戻し入れ、小松菜を加えて、ひと煮立ちさせる。

りんごのミルクスープ

クローブの甘い香りがアクセント。パンを添えれば朝食にぴったりです。

材料・2人分

りんご……1個
クローブ……3個
スキムミルク……大さじ5

作り方

1 りんごは皮をむき、8つ割りにして芯を取り除き、薄切りにする。皮にクローブを刺す。

2 鍋にりんごと皮をすべて入れ、水200㎖を注いで火にかけ、りんごがやわらかくなるまで煮たら(a)、皮を取り除く。

3 りんごを取り出して容器に入れ、ブレンダーでペースト状にする。

4 3を鍋に戻し入れ、スキムミルクを少量の水で溶いて加え、火にかけて混ぜながら煮る。

5 器に盛って、クローブつきの皮を小さく切って飾る。

a

皮と一緒に煮るとりんごの風味が濃くなる。クローブを刺した皮は、スープの浮き身に。

体を温める食材

長いも、さといも

体が冷えていると代謝が落ちたり、免疫力が低下したりして、病気を呼び込む要因になります。土の中で育つ根菜類は体を温めるといわれるので、積極的に食べています。とくにおすすめなのが長いもとさといも。炭水化物を多く含みますが、食物繊維が豊富なので、血糖値を上げすぎることなくエネルギー源になり、体温を上げてくれます。

長いもは山いもの一種ですが、生でも食べられます。ぬめりの成分は、胃の粘膜を保護し、たんぱく質の消化・吸収を助ける働きがあります。加熱してもおいしく、焼くとホクホクした食感に。

さといものぬめりにも、山いものぬめりと同様の働きがあります。ぬめりを落として調理する方法もありますが、わたしは、ここにこそ栄養があると考えているので、皮ごと蒸して調理します。まとめて蒸して冷蔵保存しておけば、サラダやスープにも利用でき、アレンジが楽しめます。

蒸しさといも……さといもは皮を洗い、大きければ半分に切ってせいろに入れて強火にかけ、蒸気が上がったら中火にして10分蒸す。ジッパーつき保存袋に入れて保存する。冷蔵で5日ほど保存可能。

長いものおろしあえ

せん切りとおろしの
2つの食感を
シンプルな味つけで。

材料・2人分

長いも……280g
レモンの搾り汁……小さじ2
長ねぎ（小口切り）……5cm
しょうゆ……少々

作り方

1 長いも150gは4cm長さのせん切りにする。130gはおろし金ですりおろす。
2 ボウルに1を入れ、レモンの搾り汁を加えて混ぜる。
3 器に盛って長ねぎをのせ、しょうゆをたらす。

長いもの薄焼き

表面をカリッと焼けば、
中はもっちり、
おもちのようです。

材料・2〜3人分

長いも……150g
薄力粉……100g
油……適量
焼きのり（2×3cm）……8枚
しょうゆ（好みで）……適量

作り方

1 長いもはすりおろしてボウルに入れ、薄力粉を加えてよく混ぜる。
2 フライパンに油を熱し、1を1/8量ずつ円形に広げ、両面をこんがりと焼く。
3 のりを1枚ずつ張りつけ、好みでしょうゆをつけて食べる。

長いも酢豚

長いものシャキシャキした食感で、酢豚が軽やかな食べ心地に。皮はからりと揚げて加えると無駄なくおいしくいただけます。

材料・2〜3人分

豚肩ロースかたまり肉……200g
片栗粉……適量
干ししいたけ……小3枚
玉ねぎ……1個（160g）
しょうが……1片
にんじん……1/2本（80g）
長いも……250g
A
酢……大さじ4
しょうゆ……大さじ3
砂糖……大さじ2
トマトケチャップ……大さじ1
揚げ油……適量
油……大さじ2

作り方

1 干ししいたけは水に1時間以上つけて戻し、半分に切る。玉ねぎは一口大に切り、しょうがは薄切りにする。にんじんは乱切りにして下ゆでする。

2 長いもは皮を縦長にむき、身は一口大に切る。皮は4cm長さの短冊切りにし、高温の揚げ油で揚げる（a）。

3 豚肉は一口大に切って片栗粉を薄くまぶす。フライパンに油を熱し、豚肉を並べて両面に焼き色をつけたら（b）、いったん取り出す。

4 3のフライパンに1と長いもを入れて炒め（c）、3の豚肉を戻し入れる。Aを混ぜ合わせて回し入れて全体にからめ（d）、2の長いもの皮を加えてざっと混ぜる。

a
皮は高温でカラリと揚げる。これを酢豚に混ぜ、食感に変化をつける。

b
豚肉は片栗粉をまぶして焼くと表面にとろみがつき、ほかの具材とよくなじむ。

c
野菜を炒め合わせ、全体に油を回す。長いもは少し焦げ目がつくくらいがよい。

d
豚肉を戻してざっと炒め、合わせ調味料を回し入れて、全体にとろみをつける。

さといもとほたて、白菜のサラダ

蒸しさといもは、魚介類とも好相性。まんべんなく栄養がとれる、ごちそうサラダ。

材料・2～3人分

蒸しさといも（76ページ参照）……120g
ボイルほたて……150g
白菜……150g
A 粒マスタード……小さじ1
酢……大さじ2
塩……小さじ1
油……大さじ1
はちみつ……少々
ラムレーズン*……大さじ2

*レーズンをぬるま湯で洗い、かぶるくらいのラム酒に一晩（8時間）つけたもの。

作り方

1 蒸しさといもは皮をむいて乱切りにする。

2 白菜は軸と葉に切り分け、軸は繊維に沿って4cm長さのせん切りにし、葉は繊維を断ち切るようにせん切りにする。

3 ボウルに1と2、ボイルほたて、ラムレーズンを入れ、Aを混ぜ合わせて加え、混ぜる。

さといもの豆乳スープ

さといもをだしで煮て
和風テイストに。
豆乳でのばして
のど越しをよくします。

材料・2～3人分

蒸しさといも（76ページ参照）……250g
玉ねぎ……1/2個（80g）
油……大さじ1
煮干しだし（66ページ参照）……200mℓ
無調整豆乳……400mℓ
塩……小さじ1
青のり……少々

作り方

1 蒸しさといもは皮をむいて2cm角に切り、だしとともに鍋に入れてやわらかくなるまで煮る。

2 玉ねぎはみじん切りにする。フライパンに油を熱し、玉ねぎを炒める。

3 容器に1と2を入れてブレンダーでペースト状にする。

4 鍋に移して火にかけ、豆乳、塩を加え、ゆっくり混ぜながら温める。器に盛って青のりをふる。

体を温める食材

くず粉

くず粉は、くずの根から得られるでんぷんを精製したもの。くずの根には体を温め、血行をよくして免疫力を上げる働きがあり、風邪の症状に効く漢方薬、「葛根湯」の主成分として知られています。

　くず粉は昔から、とろんとした食感を出す料理に使われ、精進料理のごま豆腐、くずもちやくず切りなどの和菓子でもおなじみです。

くず湯やくず練りは、くず粉を少量の水で溶いてから、分量の水を加え、ゆっくり混ぜながら火にかける。

わたしは昔ながらに、このくずを料理のとろみづけに使っています。

　今は、片栗粉を使う人が多いと思いますが、くず粉を使うと、素材の味を引き立て、透明感のある仕上がりになります。値段は少々高いのですが、一度買っておくと1年以上持ちます。くず粉が固まっているときは、すりこ木などでたたいてつぶし、少量の水で溶いてから使うのがコツ。混ぜながらゆっくり加熱すると、なめらかなとろみがつきます。

　和のデザートのほか、具だくさんのくずあん仕立てなどは、のど通りがよくて食べやすく、体の芯から温まります。

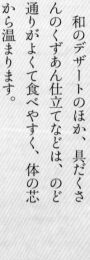

あんこくず湯

小豆あんを
くず粉と練るだけで
体が温まるおやつの
できあがり。

材料・作りやすい分量

小豆あん（31ページ参照）……100g
くず粉……20g
砂糖……大さじ1

作り方

1 鍋にくず粉を入れ、少量の水で溶く。

2 水300mlを少しずつ加え、木べらで混ぜながら火にかける。

3 小豆あん、砂糖を加えて、鍋底をかくように混ぜながら火を通す。とろりとして透明感が出たら（a）火から下ろす。

a 小豆あんとくずがよく混ざるように、木べらで鍋底から大きく混ぜながら練る。

桃のくず練り

なめらかな舌ざわりで芳醇な香り漂う
桃入りのくず練り。りんごでも作れます。

材料・2人分

桃……1個
くず粉……20g
はちみつ……小さじ1

作り方

1 桃は一口大に切る。鍋にくず粉を入れ、少量の水で溶く。

2 1の鍋に水300mlを少しずつ加え、木べらで混ぜながら火にかける。

3 1の桃とはちみつを加え、鍋底をかくように混ぜながら火を通す。とろりとして透明感が出たら火から下ろす。

ポーチドエッグのくずあんかけ

具だくさんのくずあんに卵をのせて。
彩りのよい、体の温まる一品です。

材料・2人分

卵……2個
干ししいたけ……3枚
鶏むね肉……100g
大根……100g
にんじん……45g
ごぼう……25g
煮干しだし……400㎖
くず粉……12g
薄口しょうゆ……大さじ1

作り方

1 干ししいたけは水に1時間以上つけて戻し、5㎜角に切る。鶏肉、大根、にんじん、ごぼうも5㎜角に切る。ごぼうは水洗いする。

2 鍋にだしと1を入れ、野菜がやわらかくなるまで煮て、薄口しょうゆで調味する。くず粉を水大さじ2で溶いて加え、とろみをつける。

3 ポーチドエッグを作る。卵は1個ずつ皿に割り入れる。鍋に湯を沸かし、卵を滑らせて入れ、周りの湯をかけて白身を固める。

4 2を器に注ぎ、3のポーチドエッグをのせる。

若さを保つ食材

くるみ、ごま

くるみやごまなどの種実類は、植物性の脂質やたんぱく質を多く含みます。この脂質には悪玉コレステロールを減らす働きのある不飽和脂肪酸が含まれており、美肌を保ち、老化を防止する効果もあります。

くるみは信州の特産品なので、子どものころからおやつによく食べていました。殻を割って実を出し、から炒りすると香ばしく、歯ごたえがよくなります。たんぱく質がとれるうえ、料理に加えるとコクが出るので、笹ずしや炊き込みごはんにもくるみを入れます。ペーストにして、そばのつけだれに加えるのも、信州ならではの食べ方です。

ごまもまた、意識してとるようにしています。体によい不飽和脂肪酸のリノール酸やオレイン酸がたっぷり含まれるほか、ゴマリグナンの成分、セサミンやセサミノールがアンチエイジング効果を発揮します。炒ると香りが漂い、すりつぶすと吸収がよくなるので、これをあえ衣やたれに加えて、風味をよくします。

くるみとレーズンのみりん煮

くるみはカラッと炒ってから甘く煮ます。ラムレーズンを加えてお茶請けに。

材料・作りやすい分量

くるみ……80g
ラムレーズン*……適量
みりん……80ml
はちみつ……小さじ2

*ここでは、巨峰のレーズンをぬるま湯で洗い、かぶるくらいのラム酒に一晩（8時間）つけたものを10粒使用。ふつうのレーズンで作ってもよい。

作り方

1 鍋にくるみを入れて火にかけ、から炒りする。みりんとはちみつを加えてひと煮立ちさせる。

2 ラムレーズンを加え、冷めるまでおき、味をなじませる。

くるみペースト

くるみを香ばしく炒って豆乳でのばし、風味のよいペーストに。パンや野菜、肉のディップにするほか、めん類のたれとしても大活躍します。

材料・作りやすい分量

くるみ……80g
砂糖……大さじ2
塩……小さじ1/4
無調整豆乳……50mℓ

作り方

1 鍋にくるみを入れて火にかけ、から炒りする。これを容器に入れ、すりこ木で粗く砕く。

2 砂糖、塩、豆乳を加え、ブレンダーでペースト状にする。

くるみペーストで

くるみそば

くるみペーストをそばつゆでのばし、そばにからめながらいただきます。

材料・1人分

そば（乾）……80g
長ねぎ（小口切り）……3cm
くるみペースト……適量

そばつゆ・作りやすい分量

煮干しだし（66ページ参照）……100mℓ
みりん……25mℓ
しょうゆ……25mℓ

作り方

1 そばつゆを作る。だし、みりん、しょうゆを合わせてひと煮立ちさせ、冷ます。

2 そばは表示時間通りにゆで、ざるに上げて流水で洗い、水けをきり、ざるに盛る。

3 そばつゆ、長ねぎ、くるみペーストを添える。そばつゆにくるみペーストを入れて混ぜ、そばをつけて食べる。

若さを保つ食材

くるみ、ごま

ごま入り刺し身のづけ

づけのたれにごまをたっぷり加え、香りよく。
さっぱり野菜と合わせてサラダのように。

材料・2人分

ぶりの刺し身……1さく（100g）
サーモンの刺し身……6切れ
A
しょうゆ……大さじ3
みりん……大さじ1
油……大さじ1
白すりごま……大さじ1
大根（せん切り）……5cm
長ねぎ（せん切り）……1/2本
ルッコラ……適量

作り方

1 ボウルにAを入れて混ぜ、ぶりとサーモンの刺し身を加えて20分ほどつける。

2 大根と長ねぎは水にさらし、シャキッとしたら水けをきり、混ぜ合わせる。

3 器に1を盛り、2とルッコラを添える。

さつまいもソテーのごままぶし

揚げるより手軽に、カリッと焼いたさつまいもに、ごまをたっぷりまぶします。

材料・作りやすい分量

さつまいも……300g
油……大さじ1
はちみつ……大さじ1
しょうゆ……小さじ1
黒炒りごま……大さじ1

作り方

1 さつまいもは皮つきのまま5㎜厚さの輪切りにし、水洗いし、水けをきる。

2 フライパンに油を熱し、さつまいもを並べる。焼き色がついたら裏返してふたをし、弱火で中まで火を通す。

3 はちみつ、しょうゆを加えてからめ、全体にごまをまぶす。

若さを保つ食材

雑穀

わが家のごはんは、米に豆や雑穀を混ぜて炊くことが多いです。なぜなら、白米だけより豆や雑穀のおいしさが加わり、健康を保つために必要な微量栄養素も一緒にとれるから。雑穀には、あわ、ひえ、きび、はと麦、キヌア、紫米などがありますが、米に1種類、または数種類を少量加えるだけで、食物繊維やミネラルなどが補給できます。噛みごたえも出るので、唾液の分泌を促し、消化がよくなって満足感が得られます。

　わたしが最近気に入っているのは、長野市と信州大学の共同研究で栽培、収穫されたソルガム（たかきび）です。アレルギー物質を含まず、生活習慣病の予防などに役立つ成分を多量に含んでいます。ごはんだけでなく、小麦粉に混ぜてもプチプチ感が加わっておいしくなります。

　もう一つ凝っているのが紫米。目にいいアントシアニンを含み、抗酸化作用にもすぐれています。これをゆでて糀で発酵させた甘酒は、モチッとした食感。色のきれいな健康ドリンクです。

ソルガム

紫米

ソルガムごはん

米にソルガムを混せて、ふつうに炊くだけ。栄養価が増し、香りも食感もよくなります。

材料・2〜3人分

米……2合
ソルガム……大さじ2

作り方

1 米とソルガムは洗って30分ほど浸水させる。

2 ソルガムが戻ったら1を炊飯器の内釜に入れ、目盛り通りに水加減して炊く。

3 炊き上がったら上下を返して混ぜる。

ソルガムのお好み焼き

ソルガムを薄力粉に混ぜて香ばしく。だしとおろし長いもでふわっとした生地に。

材料・2人分

キャベツ……150g
長ねぎ……1/4本
卵……1個
煮干しだし……150㎖
長いものすりおろし……大さじ2
薄力粉……100g
ソルガム……大さじ3
豚バラ薄切り肉……100g
油……大さじ1
削り節……適量
青のり……適量
とんかつソース……適量

作り方

1. ソルガムは水に30分ほどつけて戻し、ざるに上げる。キャベツはせん切りにし、長ねぎは斜め薄切りにする。
2. ボウルに卵を溶き、だし、長いものすりおろし、薄力粉、**1**を加えて、さっくりと混ぜる。
3. フライパンに油を熱し、**2**の半量を入れて広げる。豚肉の半量をのせて焼き、裏返して両面を焼く。
4. 中まで火が通ったら、削り節をのせて青のりをふり、とんかつソースをかける。同様にしてもう1枚焼く。

紫米の甘酒

紫米は甘みが強く、モチモチとしています。
そのままでも、ヨーグルトや果物にかけても。

材料・作りやすい分量

紫米……大さじ3
米糀……300g

作り方

1 紫米は洗って水に一晩（8時間）つける。

2 ざるに上げて鍋に入れ、水200㎖を加えて火にかける。煮立ったら弱火にしてゆっくり煮る。途中で水が少なくなったら足す。やわらかくなったら火を止めて冷ます。

3 炊飯器の内釜に糀をほぐし入れ、2を加える。水500㎖を注ぎ、保温スイッチを入れて2時間保温する。

＊冷めたら保存容器に入れて冷蔵庫で保存。1週間ほど保存可能。

デザイン 三木俊一(文京図案室)
撮影 澤木央子
スタイリング 久保原惠理
構成 山中純子
校正 安久都淳子
DTP製作 天龍社

横山タカ子　よこやま・たかこ

長野県大町市生まれ。現在は長野市在住。長年にわたり信州の郷土料理や行事食の研究を重ね、食材のよさを生かした家庭料理にアレンジ。その料理は簡単でおいしく、体によいものばかりと人気を博している。長野や東京で料理教室を開催するほか、全国で「食と健康」をテーマに講演を行い、NHK「きょうの料理」講師としても活躍。著書に『四季に寄り添い暮らしかさねて』(信濃毎日新聞社)、『横山タカ子のお漬けもの』(主婦と生活社)、『私の梅仕事』(扶桑社)、『74歳、横山タカ子の体にいいごはん ラクに作れる献立とおかず』(家の光協会)ほか多数。

わたしが元気なのは
これを食べているから
76歳、横山タカ子の食の知恵

2024年3月20日　第1刷発行

著者　横山タカ子
発行者　木下春雄
発行所　一般社団法人家の光協会
〒162-8448
東京都新宿区市谷船河原町11
電話　03-3266-9029(販売)
03-3266-9028(編集)
振替　00150-1-4724
印刷・製本　図書印刷株式会社

ISBN978-4-259-56791-0 C0077